Juan Carlos Martín Ramos

LA SUERTE DE ENCONTRAR UNA CARACOLA

Ilustraciones de Rosa Ureña Plaza

IGLÚ

IGLÚ

LA SUERTE DE ENCONTRAR UNA CARACOLA

© Texto: Juan Carlos Martín Ramos
© Ilustraciones: M.ª Rosa Ureña Plaza
© de esta edición: IGLÚ, 2024

ISBN: 978-84-18488-60-3
Depósito legal: V-1712-2024
Impreso en España

KALOSINI, S. L.
Grupo editorial **olé libros**
equipo@olelibros.com
www.iglu.com

A Jorge, Nélida, Juan y Víctor,
por haberme dejado jugar con ellos junto al mar.
A Lurdes,
que siempre me ayuda a mirar el mar.
Juan Carlos Martín Ramos

A mis vosotros y a todos
los que tenéis corazón de caracola
Rosa Ureña

Si encuentras una caracola
es que has tenido la suerte de encontrarla.
JUAN FARIAS
Los caminos de la Luna

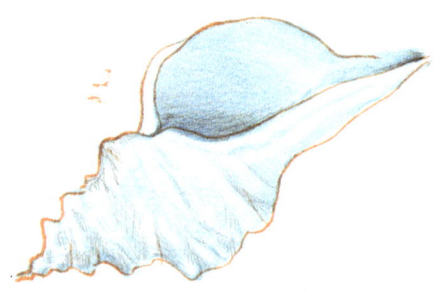

ÍNDICE

Me he encontrado una caracola.
Llegó rodando hasta mis pies
y se despidió de las olas.

Cuando me la acerco al oído
escucho el dictado del mar,
rumorosas frases de espuma,
palabras que vienen y van.

Su voz me llega desde lejos,
murmura, canta, ruge, estalla,
cuenta cuentos que lleva dentro.

ÉRASE UNA VEZ EL MAR

«Érase una vez el mar»
—dijo el abuelo a su nieto,
y ya no pudo callar.

«Hace tiempo fui farero,
con mi faro iluminaba
un océano completo.»

Y ya no pudo callar.

«Fui pescador hace tiempo,
con mis redes capturé
un tiburón de cien metros.»

Y ya no pudo callar.

«Hace tiempo fui pirata,
con mi bandera y mi loro
gané más de mil batallas.»

Y ya no pudo callar.

«¡Érase una vez el mar!»
—repitió por fin su nieto,
y no lo olvidó jamás.

EL PIRATA QUE LEÍA EL MAR

Había un pirata
que leía el mar.

El mar de los mapas
y el mar de verdad.

Leía y leía
las olas del mar.

Reflejos de luna,
brillos de cristal,
la estela que un barco
dejaba detrás.

Leía y leía
sin pestañear
las olas que vienen,
las olas que van.

Lejano horizonte,
estrella polar,
tesoros hundidos,
islas de coral.

Había un pirata
que leía el mar.

Leía y leía
para navegar.

Leía y leía y leía y leía,
de su biblioteca
no salió jamás.

UNA BIBLIOTECA EN EL MAR

Hay una gran biblioteca
por el mar de las Azores,
pero está en un sitio raro,
el vientre de un cachalote.

Hay libros de todo género,
sin orden ni estanterías.
Abrazado a un calamar,
flota un libro de poesía.

¿Tantos libros son los restos
de un naufragio entre las rocas
o el tesoro de un pirata,
que los tiró por la borda?

Quién sabe, pero se cuenta
que el cachalote, en ayunas,
se los tragó al confundirlos
con un banco de merluzas.

Nadie puede entrar a salvo
a este templo del saber,
ni siquiera una sirena
que quiso hacerse el carné.

Nadie, pero el cachalote,
cuando sale a respirar,
suelta un chorro de palabras
que se esparcen por el mar.

Y, a merced de la marea,
a una playa llega un cuento,
a otra llega un diccionario,
a otra llega un verso suelto.

En esta gran biblioteca
ambulante y submarina,
los libros, para ser libres,
navegan a la deriva.

MASCARONES DE PROA

I

Un mascarón de proa,
mascarón, *mascarón*,
guiaba hacia el horizonte
su galeón.

Un mascarón de proa,
mascarón, mascarón,
que tallaron en Cuba
con mucho son.

Un mascarón de proa,
mascarón, mascarón,
abrió a los siete mares
su corazón.

Un mascarón de proa,
mascarón, mascarón,
hechizaba a las olas
con su canción.

Un mascarón de proa,
mascarón, mascarón,
era en plena tormenta
quien llevaba el timón.

A aquel mascarón le gustaba
cantar en la proa del barco,
leer en voz alta a las olas
los versos de un libro mojado.

A veces le contaba un cuento
a un pez chico, o a un ballenato,
y otras miraba el horizonte
o el mar, sin mover los labios.

Era el mascarón una joven
de ojos grandes y pelo largo,
un ser de madera tallada
por un carpintero o un mago.

Por suerte, consiguió salvarse
entre los restos del naufragio,
llegó flotando hasta una playa
con un libro abierto en las manos.

Allí lo rescató el maestro
del pequeño pueblo de al lado,
y le buscó un sitio en la escuela
al lado del globo terráqueo.

Desde entonces, niños y niñas,
en vez de delfines y albatros,
escucharon al mascarón
leer poemas y relatos.

También le escucharon canciones
que antes nadie había cantado
y repitieron en voz alta
palabras que ya no olvidaron.

A aquel mascarón le gustaba,
más que ir en la proa de un barco,
inundar con su voz la escuela,
surcar un mar imaginario.

Y así los niños y las niñas
crecieron juntos y enlazados,
como olas del mismo oleaje,
como letras de un mismo párrafo.

ADIVINANZAS DEL TITANIC

¿Será verdad o no
que seguía la música
cuando el barco se hundió?

¿Será o no será
que en el fondo se oía
un adagio de Bach?

¿Será verdad o no
que la orquesta tocaba
y no desafinó?

¿Será o no será
que, después de cien años,
sigue sonando un vals?

EL BUZO Y LA SIRENA

Aquí comienza una historia,
la del buzo y la sirena.
Él llegó de tierra adentro,
ella de un mar de allí cerca.

Persiguiendo a un langostino
para echar a la paella,
se encontraron frente a frente
a la entrada de una cueva.

«¡Qué belleza!», dijo el buzo.
«¡Uy, qué pinta!», la sirena.
Y al final de cada frase,
Cupido lanzó sus flechas.

Se miraron uno a otro,
saltaron chispas y estrellas,
ocasión que el langostino
aprovechó: «¡Chao, pareja!»

Un abrazo con burbujas
se dieron sin darse cuenta.
La sirena enrojeció,
el buzo perdió una aleta.

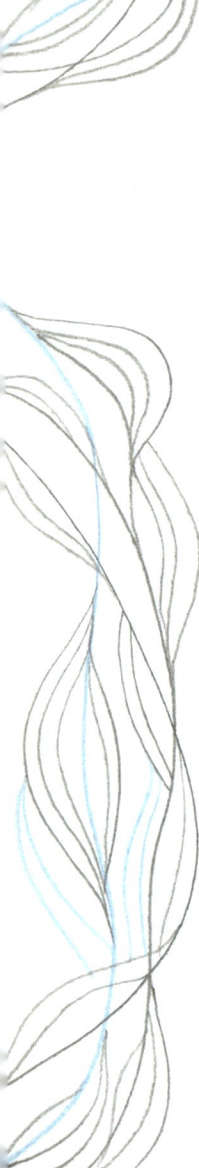

«Nuestro amor va a ser un lío»,
le comentó él a ella
(o ella a él, que no está claro),
«¡cada uno es de un planeta!».

«Tú sin aire... Yo sin agua...
Tú con cola... Yo con piernas...
Mi mundo sabe salado...
El mío amarga en la lengua...».

Aquel momento fue eterno,
lleno de dudas y quejas,
tan largo que el desenlace
se lo llevó la marea.

¿Qué pasó, qué no pasó?
¿Se cumplió la frase hecha:
«no hay amores imposibles»?
Nadie sabe la respuesta.

Por eso acaba esta historia
aunque falten muchas letras,
sin saber si hubo algo más
entre el buzo y la sirena,

si volvieron a encontrarse
a la entrada de la cueva,
si fue un amor de verano
o un idilio de leyenda.

MAPAMUNDI

En su mapa aquel pirata
dibujó, con pluma de ave,
el tesoro que encontró
a lo largo de sus viajes.

Era un mapa hecho con tela
de la vela del trinquete,
olía a sal, a horizonte
y a vientos que van y vienen.

Enrollado, lo escondía
en las rendijas del buque
y, de noche, lo abrazaba
como a un loro de peluche.

Con su mapa aquel pirata
era el hombre más dichoso.
Era el mapa un mapamundi
y era el mundo su tesoro.

Primer mensaje

Mi barco se hundió.

En medio del océano,
tuve tiempo de contar
una a una las estrellas
mientras flotaba abrazado
al mascarón de proa.

Por suerte,
me salvé de los tiburones.

Mi historia no acaba aquí,
continuará
en próximas botellas.

Segundo mensaje

Logré llegar
a una isla desierta.

No me busquéis,
¡socorro!,
¡dejadme en paz!

Tercer y, tal vez, último mensaje

No sé en qué idioma escribir
este mensaje,
no sé a qué playa llegará.

No sé quién eres,
dónde vives,
si has venido a pasear con tu perro
por la orilla
o si también tú has llegado
del otro lado del mar.

Pero, seas quien seas,
estas palabras están escritas para ti:
«Cuando leas este mensaje,
no olvides tirar la botella
al contenedor de vidrio».

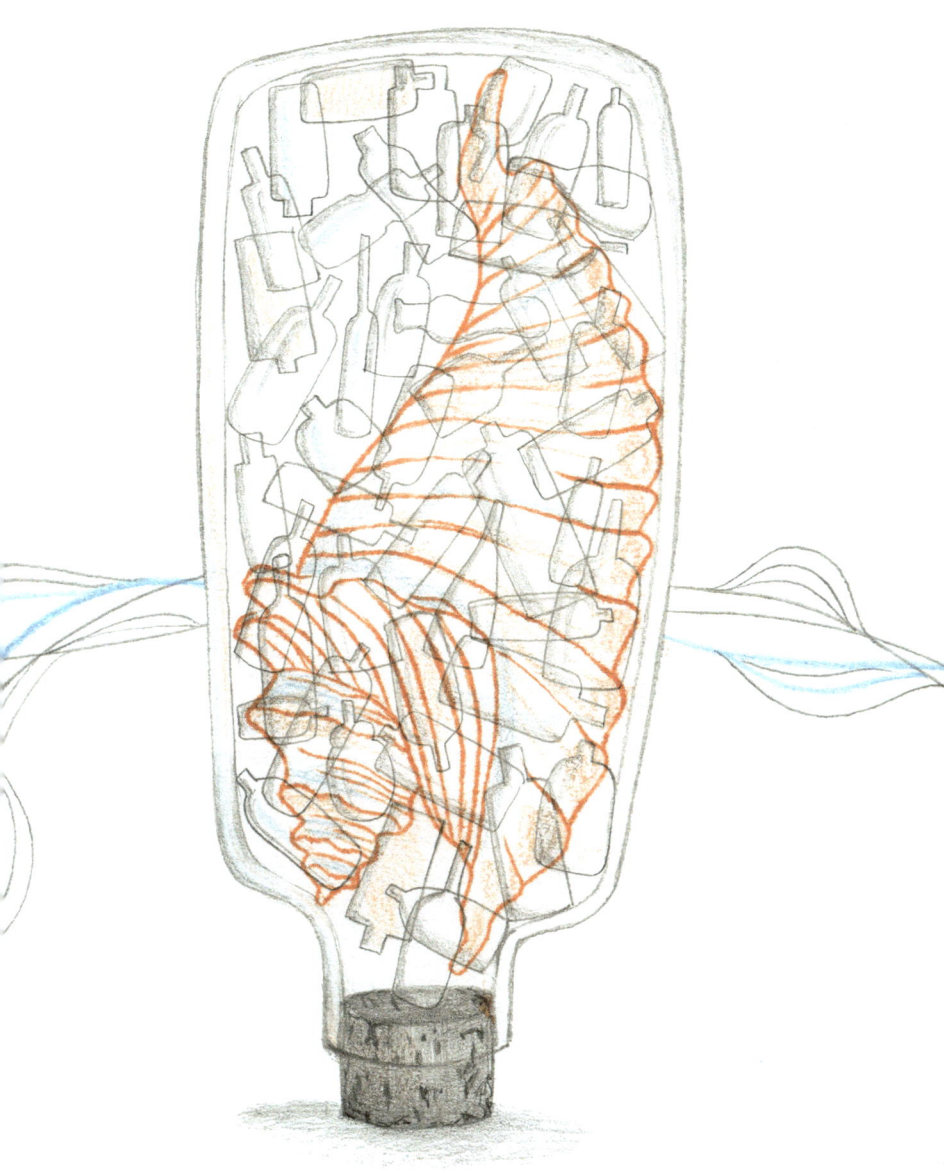

En la caracola resuenan
voces de viejos marineros,
nanas y cantos de sirenas,
canciones que se inventa el mar,
versos sueltos de algún poeta.

JUAN EL VIEJO

A Juan Farias

Juan el Viejo tiene la suerte
de encontrar caracolas,
colecciona puestas de sol
y relojes sin horas.

Juan el Viejo cuenta los cuentos
que trae hasta la playa el mar,
sabe amasar cada palabra
para que sepa a pan.

Juan el Viejo es joven grumete
de un mágico velero
y navega entre islas perdidas
dentro de un catalejo.

En el cofre de Juan el Viejo
nada falta ni sobra,
su mundo tiene algunos niños,
tres perros y más cosas.

CANTOS DE SIRENA

¡Escúchame, marinero!
Hoy quiero para cenar
la tinta de un calamar,
aquí te espero.

¡Ven aquí,
mi marinero!

¡Escúchame, navegante!
No te salgas de este rumbo
y darás la vuelta al mundo
en un instante.

¡Ven aquí,
mi navegante!

¡Escúchame bien, pirata!
Cuando escondas tu tesoro
no se lo cuentes al loro
y dame el mapa.

¡Ven aquí,
mi buen pirata!

¡Ven, poeta, acércate!
Ven en barca con tus versos
y por todo el universo
los cantaré.

¡Ven aquí,
mi fiel poeta!

El marinero escapó.

El navegante pasó.

El pirata dio la vuelta.

¿Y el poeta...? ¡Ay, el poeta!

PARA QUE SE DUERMA EL MAR

Para que se duerma el mar, el mar, el mar,
el sol dibuja en las olas
el brillo de sus caricias,
el vuelo de las gaviotas.

Para que se duerma el mar, el mar, el mar,
dibuja el viento en las nubes
una sirena que canta
nanas saladas y dulces.

Para que se duerma el mar, el mar, el mar,
dibuja un faro en la noche
un barco que va a pescar
los sueños del horizonte.

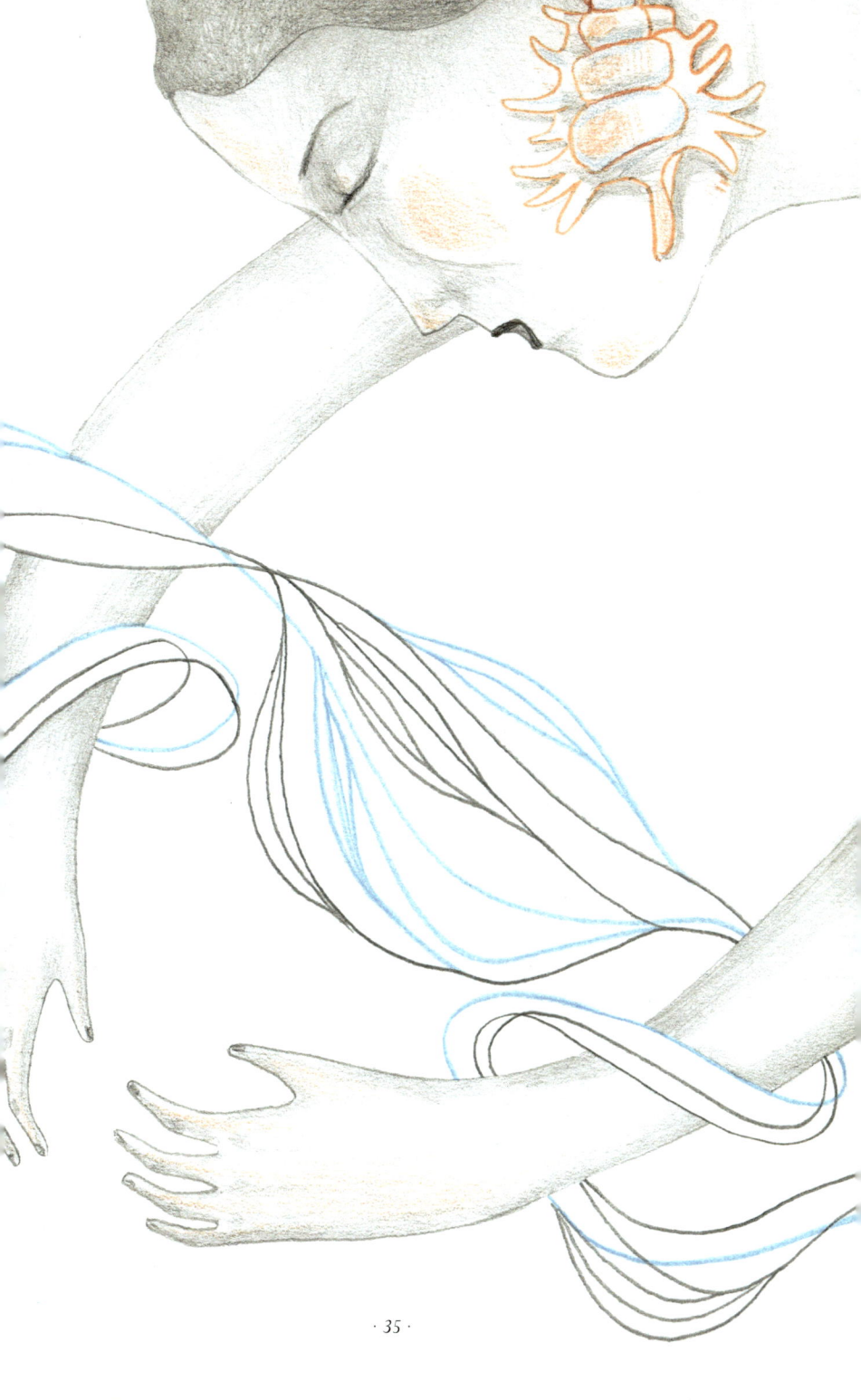

EL MAR ESTÁ MUY SERIO

¿Qué te sucede, mar,
que te miro y no encuentro
en tu espejo de olas
mi reflejo?

¿Qué te sucede, mar,
que te escucho y no entiendo
por qué no me susurras
tus secretos?

¿Qué te sucede, mar,
que nado, me sumerjo
y no juegas conmigo
ni un momento?

¿Qué te sucede, mar,
que das la espalda al cielo
y no ruges ni cantas
con el viento?

¿Qué te sucede, mar,
que pareces tan serio?
¿Estás triste, enfadado
o estás tal vez enfermo?

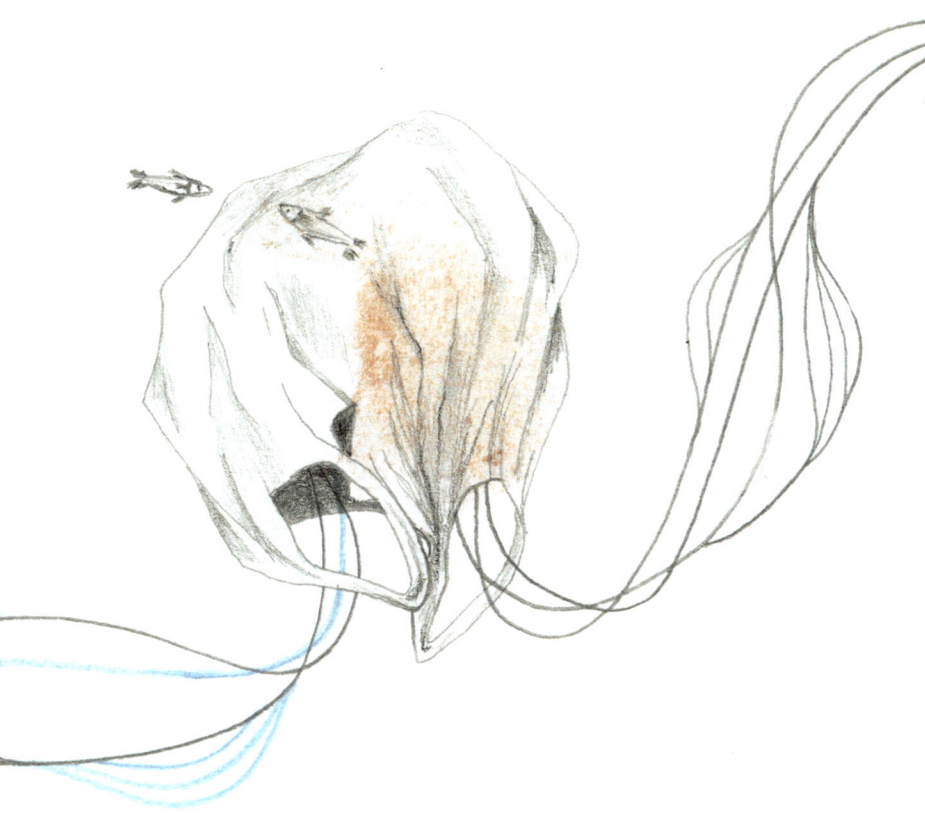

«Me he perdido muchas veces por el mar»
FEDERICO GARCÍA LORCA

CANCIÓN MARINERA

Me pierdo por el mar
para llegar al horizonte
y ver lo que hay detrás.

Me pierdo por el mar
para buscar todas las islas
que en el mapa no están.

Me pierdo por el mar,
en mi velero manda el viento,
no hay otro capitán.

Me pierdo por el mar,
me pierdo,
        me pierdo,
                me pierdo
para saber si voy o vengo,
si las olas vienen o van.

Homenaje a Pablo Neruda

EL POETA Y EL MAR

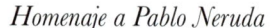

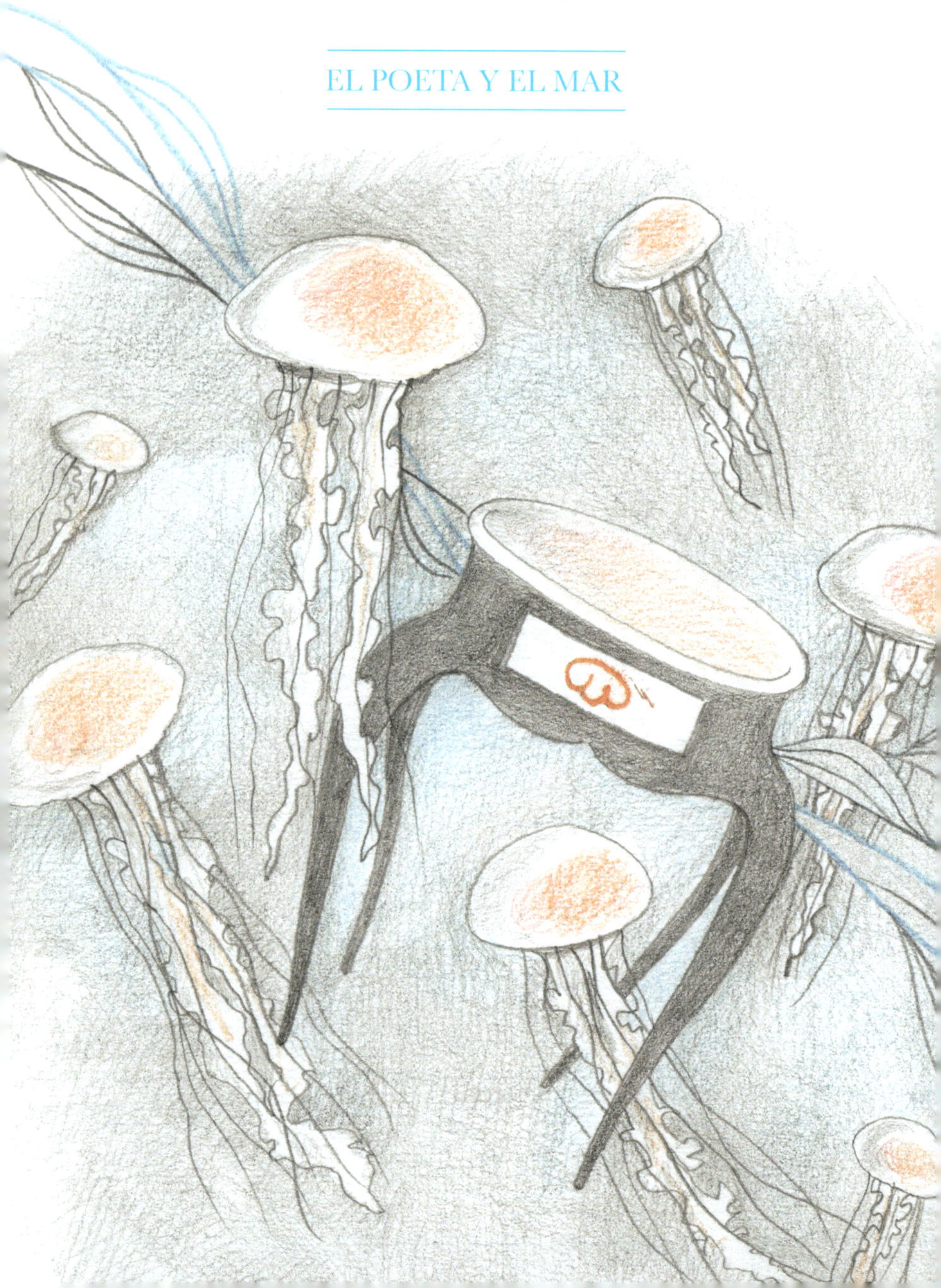

La mesa donde escribo
la rescaté del mar,
flotaba entre las olas
con vaivén y compás.

Pedazo de madera
de los bosques del sur,
aún tiene una rama
que crece hacia la luz.

En ella escribo versos,
largas cartas de amor,
letras de tinta verde
y, en medio, algún borrón.

Miro el mar en silencio
si no sé qué escribir,
y si gruñe la mesa
pongo un punto a una i.

La mesa donde escribo
¿es un mueble, un enser,
un ser imaginario
o un ser vivo tal vez?

2

Soy capitán de un barco
dentro de una botella.
Apenas tiene sitio
el mar donde navega.

Mi barco flota anclado
en un rayo de sol,
habla el viento en sus velas
cuando quito el tapón.

Soy capitán de un barco
que cabe en mi bolsillo,
su mundo es transparente,
su mar es infinito.

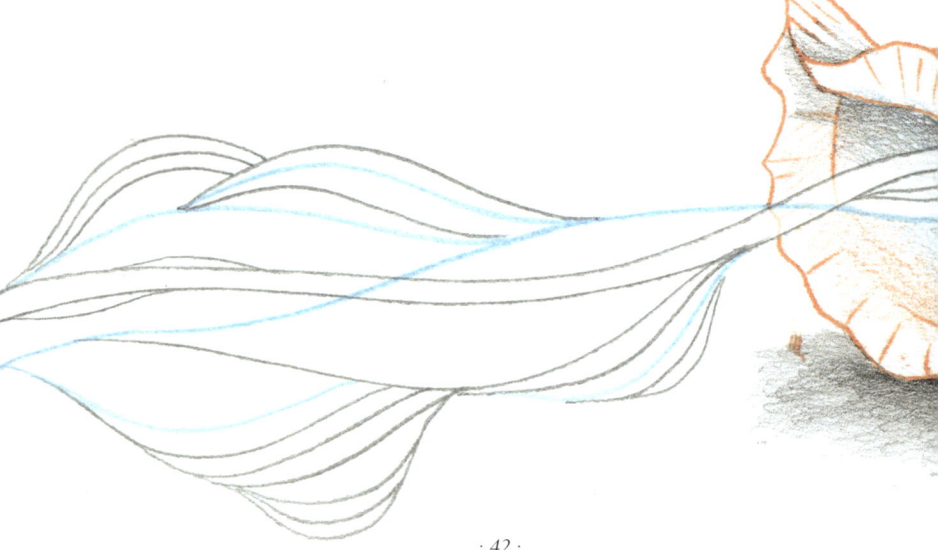

Hoy me ha traído el cartero,
con acuse de recibo,
una caracola.

El carpintero, un barquito
que navega en una gota.

El pescador, unas llaves
que se encontró en una ostra.

El panadero, un pan duro
que se ablanda si lo tocas.

La maestra de la escuela,
un lápiz que escribe a solas.

El viento también me trajo
una colección de hojas.
La luna, su triste máscara.
El sol, un álbum de sombras.

El mar, como cada día,
con vuelo de mariposa
llegó hasta mi puerta y dejó,
en un paquete, una ola.

Por eso tengo mi casa
tan llena de tantas cosas,
todas merecen un sitio,
un rincón en mi memoria.

La caracola algunas veces
se calla. Escucho su silencio.
Tal vez está dormida o quiere
que oiga mis propios pensamientos.

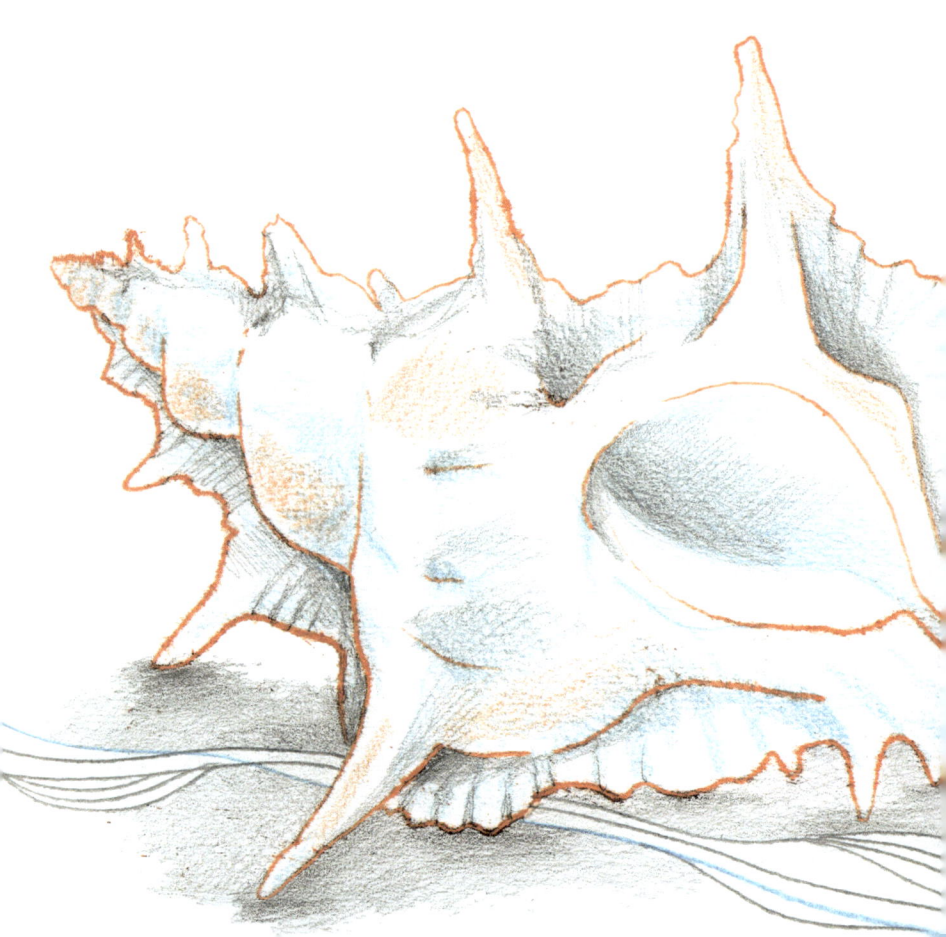

RESTOS DE NAUFRAGIO

Cuando el mar hace limpieza,
arroja a la playa objetos
que no quiere, le molestan,
no sabe qué hacer con ellos.

Una brújula sin norte,
un reloj que pierde el tiempo,
botas que no dejan huella,
caracolas en silencio.

Pero no sabe que yo
los recojo, me los llevo
y, si puedo repararlos,
los pongo en funcionamiento.

Una luna ya oxidada
la convertí en un espejo,
con los restos de un naufragio
me he construido un velero.

Junto al vaivén de las olas,
recojo en la playa objetos.
Soy chatarrero del mar,
el manitas de mis sueños.

CASTILLO DE ARENA

Cada día construyo
un castillo de arena.

Tiene dos o tres torres,
murallas con almenas,
puertas y pasadizos,
el viento en la bandera.

Un foso alrededor
hace de centinela
y da la voz de alarma
si sube la marea.

Construyo cada día
un castillo de arena.
Nunca me voy sin ver
cómo el mar se lo lleva.

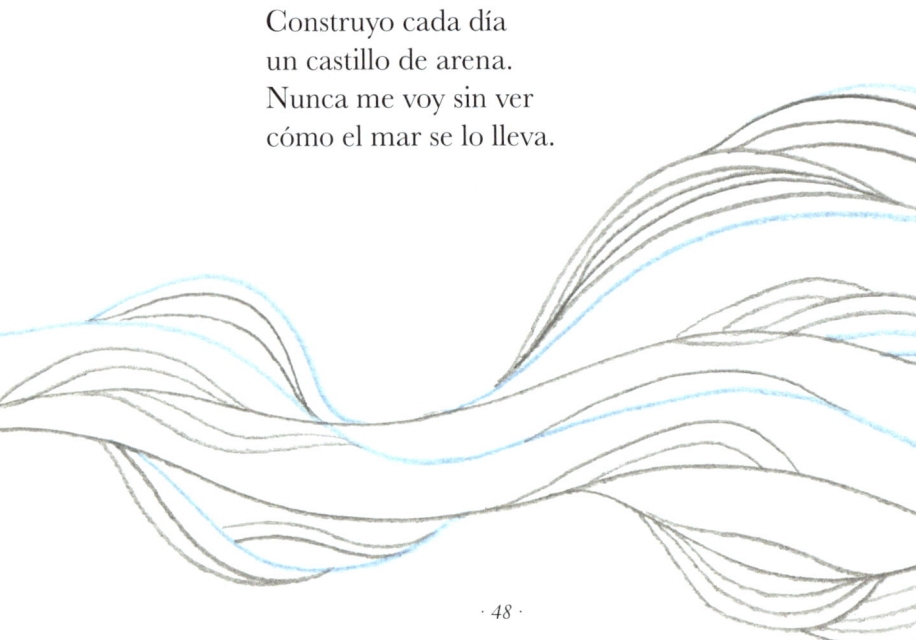

HUELLAS

¡Cuántas huellas en la playa!
De gaviotas, las que más,
y también las de un cangrejo
que iba o venía del mar.

Hay conchas y caracolas
pequeñas, para escuchar
el murmullo de una ola
de una o dos gotas, no más.

Hay —¡ay, ay!— una botella
sin mensaje y, más allá,
el dibujo de un velero
a punto de naufragar.

¡Cuántas huellas en la playa!
Las mías las dejo atrás,
van marcando mi camino,
me persiguen hasta el mar.

PEZ EN LA ORILLA

Un pez salta en la orilla.
Parece algo corriente,
pero ¡ay, qué maravilla!

Tal vez quiere ser pájaro
o triunfar como artista
de circo en el océano.

Vuela o nada en el aire,
reluce al sol y cambia
de mundo en un instante.

Salta un pez en la orilla.
Es un hecho corriente,
pero ¡ay, qué maravilla!

BARCO DE VELA

Dibujo siempre en la playa
el mismo barco de vela.

Lo normal es que una ola
sin más lo borre y me deje,
en su lugar, una almeja.

Pero otras veces el mar
no lo borra, se lo lleva.

Y de repente aparece
a lo lejos, navegando
entre los barcos de pesca.

EL MAR ME HACE PREGUNTAS

Una, otra y otra vez
el mar me hace preguntas
que no sé responder.

«Cuando llego a la orilla»
—dice el mar—,
«¿me ves o me imaginas?».

La verdad,
no lo sé.

«Si me oyes desde lejos,
¿soy real o un recuerdo?».

No lo sé
—le respondo—,
nunca lo sé,
ni antes ni ahora,
ni lo quiero saber.

LA VOZ DEL MAR

¡Soy el mar!
¿Ves al fondo mi horizonte?
Pues vengo de más allá.

Vengo y voy, pero me quedo
a dibujar mis orillas,
a conversar con el viento.

Me gusta borrar tus huellas,
escribir versos de espuma
en mi cuaderno de arena.

A veces llego muy triste,
con mi traje transparente
manchado por olas grises.

¡Soy el mar!
Escucha lo que te digo,
lo que no puedo callar.

ESCRITO EN LA ARENA

El mar lo sabe,
cuando lo miras sabe
lo que te pasa.

La noche enciende,
para leer las olas,
la luz del faro.

Así pasa el mar
sus días de vacaciones,
jugando a los barcos
con el horizonte.

Un viejo marinero
sentado frente al mar.
Espera el barco
donde se fue de niño.

El mar escribe,
escribe y borra,
escribe y borra
su último verso,
su último verso,
su último verso...

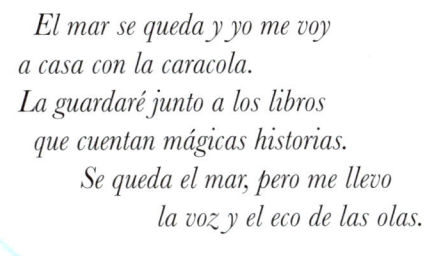

El mar se queda y yo me voy
a casa con la caracola.
La guardaré junto a los libros
que cuentan mágicas historias.
Se queda el mar, pero me llevo
la voz y el eco de las olas.

Este libro se terminó de imprimir
en Madrid el 10 de mayo de 2024.